Maïssa Belkaci

Les Silencieux

© 2013, Maïssa Belkaci
Edition : BoD - Books on Demand
12/14 rond-point des Champs Elysées, 75008 Paris
Imprimé par Books on Demand GmbH, Norderstedt, Allemagne
ISBN : 9782322033270
Dépôt légal : Septembre 2013

« Je n'appellerai même pas cela de l'intégration. Et je n'aimerais pas qu'ils soient l'objet d'une tentative, car ils ne seront jamais intégrés. L'exprimeront-ils, qu'ils ne le pourront pas. C'est possible entre européens. La trame est la même. Les mouvements européens dans l'histoire ont été Est-Ouest. Les mouvements humains. Mais là, c'est un autre continent. Et vous n'en avez que faire. Ce seront de mauvais français. Je vous décourage en ce qui concerne les miens, les marocains, d'essayer de détourner les nationalités car ils ne seront jamais 100% français. Ça, je peux vous l'assurer. »

Hassan II, 16 mai 1993, interview Anne Sinclair

Nos parents sont arabes, immigrés, sales, différents, vulnérables, illettrés, bêtes, incultes, étrangers, malades, pauvres, populaires, tristes, vieux, pieux, gentils, altruistes, serviables, humbles, volontaires, gênés, navrants, navrés, inquiets, égarés, en quête d'identité, piégés, dépaysés, anonymes. Ils veulent de l'aide, des allocations de la CAF, du travail, des chèques-repas pour faire les courses, des bons de réductions, des aides personnalisables au logement, des ALS, des arrêts maladies, la CMU, des infirmières à domicile, des boîtes d'anti-inflammatoires, des cours de français, des antennes paraboliques, et une pension de retraite digne de ce nom. Nos parents ont grandi trop vite et ont échoué, un jour où la marée était favorable aux regroupements familiaux, sur les plages de la République française. Nos pères sont ouvriers chez Citroën, caristes, maçons, manutentionnaires, grutiers pour les plus veinards, femmes de ménage dans le métro, gardien – après les espagnoles et les portugaises, la Méditerranée offre de nouveau ses services d'entretien au sol français – balayeurs sur les trottoirs, et certains font même des extras en vendant pommes et patates sur le marché le dimanche autour de l'église. L'intégration mode d'emploi, ils ne sont jamais vraiment tombés sur la notice. Ils sont presque toujours haletants, parce que stressés par leurs enfants, la maladie et la retraite à préparer. Pour la préparer, ils deviennent les rois de l'organisation. Les bulletins de paie pour la retraite, leur ultime récompense, ils les conservent dans leur poche, toujours près du cœur. Trop près même. Souvent à quelques mètres de la crise cardiaque. C'est leur hantise. Le dénouement final. La source de bons nombre de conflits familiaux. La paix avant la fin. Le pactole avant le grand voyage. Leur propre héritage. La force tranquille.

Nos parents n'ont jamais couché à l'hôtel. Ils n'ont jamais étendu leurs jambes sous une table en teck un café dans une petite tasse blanche imprimé Lavazza en soupirant « Qu'est-ce qu'on est bien... ». Ils n'ont jamais flambé avec leurs lunettes de soleil, ne se sont jamais dit si on chantait, si on chantait, si on chantait lalalala, n'ont jamais mangé avec des baguettes chinoises, ne se sont jamais pris en photo avec leur portable, ne savent pas qui est Google, et encore moins Zuckerberg, ne consultent pas Doctissimo, ne lisent pas de romans policiers avant de se coucher, ne changent pas de médecins, achètent toujours le calendrier des pompiers de peur qu'en cas d'incendie on les zappe, n'ont jamais demandé une bonne baguette bien cuite, font toujours les soldes chez Tati et Babou, et ne troqueraient pour rien au monde leurs us et coutumes ancrés dans leur ADN. Le lundi au soleil, ils ne connaissent pas. A l'exception de mon père, grâce à quelques missions intérimaires de maçonnerie à travailler en plein cagnard. Il semblerait que la misère serait moins pénible au soleil. Eux la misère sous le ciel bleu les pieds dans la poussière, ils ont préféré la laisser de côté. Ça ne pansait pas la panse.

Ils ont laissé famille et patrie de l'autre côté de la Méditerranée, quelque part sur une côte d'Afrique du Nord. Ils ont pris le bateau et ont franchi pour la première fois de leur vie une frontière. En débarquant, ils s'attendent à pain, paix, liberté. Ils auront le pain.

A force d'avoir travaillé corps et mains dans le ciment et le parpaing, nos pères se sentent d'attaque pour construire eux-mêmes au bled ce qu'ils appellent leur villa. Pour suivre la même trame et faire comme les frères ou les cousins. Rester dans le même moule qui donne la même forme. A tous. Parce que sinon ça va jacter. Les frères vont dire que. Ce à quoi nos parents répondront que. Le téléphone arabe va se mettre en marche et au final nos parents l'auront dans le baba quand l'ego démesuré de leurs cousins ne voudra plus les accueillir dans leur maison au pays.

Nos parents ont une résidence secondaire. Ils appellent villas des petits cubes de deux ou trois étages, aux couleurs rose saumon, jaune moutarde, ornées de paillettes pour les plus abouties. C'est grand, c'est beau et ça se voit. C'est l'investissement de leur vie. Ceux qui réussissent à capitaliser un peu d'argent, en partie grâce à l'aide personnalisée au logement auquel ils ont droit, n'en font qu'une bouchée et personnalisent leur villa un peu plus chaque été. Ils n'ont pas manqué un été sans rentrer au pays. Deux mois par an. Un sixième de notre temps à rentrer au pays, voir et nourrir des gens qui n'en ont à peu près rien à foutre de nous. Parce que c'était ça : ils rentraient. Au bercail. Aux sources. A l'origine. Loin de toute civilité et du confort occidental. Et chaque année, c'est la même préparation. Nous remplissons de gros sacs de nourriture pour aller jouer les pères Noël humanitaires auprès de nos tantes et oncles qui nous crachaient dans le dos si nous avions le malheur d'arriver les mains dans les poches. Ce n'était pas des vacances au parfum des mille et une nuits. Pas de palais des lumières, de danse du ventre, de massages au miel, ou de chambres somptueuses aux nuits sensuelles au parfum de henné. Pas ce que vous voyez lors de votre « Pack séjour dernière minute » à Marrakech en braillant « salamalikoum ! » à tout va. Un touriste européen au Maroc voit toujours plus du pays en une semaine qu'un rentreur régulier au pays.

Quand nous rentrons de ces « vacances » annuelles, habituelles, tout-le-temps-pareil, nous enjolivons beaucoup ce que nous avons fait. Surtout les filles. Parce les hommes, socialement, peuvent traîner quand bon leur chante. Comment expliquer à ses collègues de travail que bronzer c'est une option que nos mères nous refusent ? Comment justifier dignement que « nous », bronzés, nous l'étions de naissance, alors on évite les séances pour ne pas cramer. On trouve des subterfuges, et on échappe à la conversation en leur racontant que, historiquement, les bronzés étaient des esclaves, alors nous aujourd'hui avec cette volonté d'intégration, le bronzage on s'en passera bien. Tissu de mensonges pour cacher la frustration indirectement imposée. Nos mères nous coachent pour le jour où nous aurons notre premier rencard. Officiel et en présence des parents cela va de soi. Surtout aux filles. « Les hommes préfèrent les blanches ». Si possible avec des formes rondes, et pourquoi pas des joues rouges. Le stéréotype de la bergère *made in Normandie*.

Jeunes, nous ne jouissons pas de l'héritage authentique que se tuent à nous transmettre nos parents. Nous nous complaisons très bien dans la société superficielle qui s'offre à nous dès notre adolescence. La question de l'intégration ne nous concerne pas directement. Nos papiers d'identité acquis grâce au droit du sol, nous épargnent de faire les mêmes efforts que nos parents. Nous avons d'autres priorités. Nous voulons ressembler aux mannequins sveltes et dorées des magazines qu'on prend dans les salles d'attente médicales. On essaie d'y remédier chaque été quand nous accompagnons nos parents dans leur pays, à nos racines, « là où tout a commencé ». On bronze pendant les rares heures où nos parents nous abandonnent à notre sort pour aller saluer des vieux oncles. Dans un espace limité par le seau et la serpillère sur la terrasse, on lève nos robes de chambres jusqu'aux genoux et on lève la tête vers le soleil comme on la lève vers l'espoir. L'huile d'olive nous accompagne souvent dans ces pathétiques séances de bronzage partiel. On crame. On sait que c'est mauvais pour la peau. Mais on veut être beau. On veut exister. En rentrant on pourra sourire fièrement à ceux qui ont tellement idéalisé nos vacances au soleil méditerranéen. Et notre fabuleux récit de vacances sorti tout droit de notre imagination sera crédible.

Pour nos parents, ces vacances sont un retour dans le passé laissé là-bas. Chaque année on retrouve tout à sa place. Les boutiques, les épiceries, les maisons colorées mais délavées par les rares jours de pluie, la terre et la poussière qui ensevelit un peu plus chaque année les voitures. Même les gens. Comme si quelqu'un leur avait dit « Prière de laisser ce bled dans l'état où vous l'avez trouvé ». Ne rien changer. Ni le progrès, et surtout pas les mentalités. Même maison, mêmes cousins, mêmes mœurs. Pas de riad, pas de bonne, et pas de restaurant. La vie comme en France, avec des banquettes rectangulaires en mousse en guise de canapé, et avec les premiers meubles qui ont occupé notre appartement français. Rien ne se perd, rien ne se crée, tout se troque.

Nos pères rêvent de cette maison toute leur vie et le beau palais de plâtre et de cailloux vêtu prendra forme « à la fin ». A l'âge où leur canne leur permettra de gravir sénilement chaque marche pour enfin s'allonger sur la banquette et arrêter de rêver.

L'espoir fait vivre. Longtemps. Dans la vieillesse et la maladie aussi. Les racines ont séché et elles font mal quand on marche dessus. Finir sa vie dans sa maison de campagne dans son pays, c'est la promesse qu'ils se font en arrivant dans ce pays de France. Et pourquoi faire maintenant ? On est malade. On préfère se faire soigner en France. Et puis on est trop vieux. On a nos habitudes ici. On achète notre baguette bien cuite chez le bicot d'en bas de la rue. On s'est adapté. Intégré. Assimilé. Fait remarqué. Fait arnaqué. Et la pension retraite, il faudrait faire sans cesse des allers-retours pour la conserver. Plus que n'importe quel tajine ou instrument de musique à corde, le critère qui caractérise nos parents est le systématique dénigrement dans l'acceptation. « C'est bien parce que c'est comme ça qu'on peut pas faire autrement ». Ce qui fait d'eux des guerriers constants. Des héros anonymes.

Nos parents ont secrètement peur de se faire recaler à la douane au retour du bled. Peur qu'on poinçonne leur carte de séjour comme un billet de train et qu'on leur annonce que les vacances aux frais de la sécurité sociale française, c'est fini. Ils ne connaissent rien aux procédures, aux droits qu'ils ont, à la loi, encore moins à la politique. Leurs droits sont des privilèges et la mère Loi peut leur reprendre ce privilège quand bon lui semble. Nos parents ne sont pas courageux. Pourtant ils se battent. En râlant, en levant le poing, en ponctuant leurs phrases par « politique » et « c'est pas normal ça » quand ils entendent le mot immigration à la télévision. En maudissant les racistes à qui ils tiennent quand même la porte. Ils se battent contre. Contre un système ou des idées qui les révoltent. Ils se battent rarement pour. Pour eux. Ils ont peur que leur vie change. Qu'on les vire. Ils craignent de devenir plus pauvres. D'être à la rue. Ou même d'aller en prison parce qu'ils sont différents. Ils ne connaissent rien à la vie intellectuelle de ce pays, et ont pour habitude de tout négocier avec leur gentillesse et leur discrétion. Ils pensent qu'ils peuvent se faire « attraper ». Et s'ils se font attraper, ils savent qu'ils ne pourront pas s'en sortir. Ils ne connaissent personne de haut placé qui pourra les aider. Simplement parce que tous ceux qu'ils connaissent vivent avec les mêmes interrogations, dans les mêmes doutes, dans le même silence et la même ignorance des lois et des procédures. Les parents qui connaissent le système judiciaire français sont ceux dont le fils a connu quelques déboires avec la justice. Trafic de stupéfiants pour la majorité des cas. Mais nos parents restent pour la grande majorité des cobayes des statistiques de la démographie.

Quarante ans de vie, de travail, de cotisation, de consommation, de sueur aux couleurs du drapeau et à l'odeur pourrie de leurs idéaux inachevés. Et toujours pas le droit de vote. Ils refusent catégoriquement de s'offrir des papiers français. Avoir la carte d'identité française ce serait le début de la fin. Il ne manquerait plus que ça ! Ce serait trahir leur pays d'origine qui soit disant au passage ne prend jamais de leurs nouvelles. Pire. Ce serait déshonorer les racines et commencer à piétiner leurs origines. Apprendre à parler français. Quelle corvée ! Les cours gratuits dispensés par la mairie ne sont qu'un prétexte de plus pour faire de nous des statistiques représentant l'illettrisme des minorités « issues de la diversité ». Encore une méthode pour nous contrôler davantage. « Faire attention » ou comment être paranoïaque. Nos parents ne souffrent d'aucune pathologie psychiatrique. Leur rapport à la méfiance se situe entre la naïveté et la paranoïa. Il leur suffit de se faire avoir une fois pour être méfiant à vie. De la caissière qui a mal rendu la monnaie, au voisin qui a ouvert par mégarde son courrier. Pour lutter contre ceux qui veulent les assimiler au reste du peuple, ils font le minimum, disent bien bonjour, sourient, et passent leur chemin pour rester le plus inaperçus possible. Se faire remarquer c'est toujours le début des problèmes.

En attendant d'acheter le terrain et la villa de leurs rêves, ils triment au travail du matin au soir, et surtout de nuit, pour rentrer dans leurs deux pièces au douzième étage d'un HLM. Un beau concentré de cliché dans un vingt-huit mètres carré. Ou dans leur pavillon en ZUP, qu'ils paient grâce à l'APL, qu'ils obtiennent grâce à la CAF, que la CPAM a calculé pour savoir s'ils méritent ou pas la CMU. Des sigles qu'on veut pour panser la misère sociale des minorités qu'on aime à généraliser. Ils rentrent toujours tard, à l'heure où tout le monde dort. Faire une sieste qui leur accorde un bref repos mais pas la paix. A l'aube. Ils travaillent de nuit pour gagner plus et disent merci patron sans rechigner à celui qui leur verse dix mille francs soit mille cinq cent euros après plus de vingt-cinq années de sueur et de courbatures. Le travail ce n'est pas la santé.

Ils parviennent à faire manger leur famille, payer des vêtements neufs pour la rentrée des classes et le jour de l'Aïd, payer le Ferry à Malaga chaque année, acheter des cadeaux à la famille là-bas, et à faire l'aumône, troisième pilier de l'Islam. Donner aux pauvres. Essentiellement des produits de première nécessité. Café, des boîtes de Ricoré pour la poser à l'envers comme dans la pub, des boîtes de thé vert de Chine Spécial Gunpowder. Les bouteilles de shampoing au format familial, avec le petit garçon sur les épaules de papa, les cheveux souples et blonds comme le blé, la tête jetée en arrière le rire aux éclats. Ces étiquettes vendaient, en plus du shampoing, le bienheureux modèle familial français. Et ça, ça en mettait plein la vue. Des pauvres qui donnent à des pauvres. Qui sème l'aumône ne récolte rien du tout. Donnez, donnez, Dieu vous le rendra. A la retraite, Dieu ne leur a toujours pas rendu un quart de tout ce qu'ils ont pu donner, mais il leur a envoyé sa marraine la fée d'assistante sociale. Sauf qu'il a oublié de lui préciser qu'elle embarquait avec eux dans une galère sans fin, sans diplôme, sans cours de français, sans espoir de voir nos pères voler de leurs propres ailes une fois entre ses mains. Des utopistes désenchantés sous liberté préfabriquée. Un droit de visite sociale mensuelle pour contrôler les dépenses et les excès dans un frigo déserté.

Nos pères tutoient tout le monde. Au travail, au magasin, dans l'administration. Ce n'est pas du franc-parler, ou du manque de respect. C'est tout ce qu'ils savent faire. C'est le peu qu'il leur reste de leur dictée de français d'il y a quarante ans. Ils utilisent l'impératif pour demander quelque chose. Le « pourriez-vous » leur est imprononçable. Ils sourient beaucoup. En montrant leurs dents jaunies par le thé et le tabac. Surtout aux administrations. Comme si leur sort d'immigré était entre chaque main de la personne derrière un bureau. Leur espoir d'avoir des droits dépend plus à leurs yeux plus de cette personne que de la loi. Ils passent du loup des bois à l'agneau docile en un instant. Chaque coup de tampon sur un document est une victoire sans nom.

Heureusement il y a leur femme. Plus discrètes mais plus piquante. Elles qui sont restées pendant que leur mari sont venus construire un début de vie digne et confortable. Elles qui viennent, exécutent et se taisent. Elles ont tellement attendu de passer de l'autre côté du miroir bleu de la Méditerranée. Elles ont appris l'art de la cuisine, de la boucherie, de faire le pain, de faire le lait caillé, de faire briller, d'astiquer, de coudre, de raccommoder, de rafistoler, de recevoir à l'improviste, tout ça entre deux nœuds de foulards sur leur tête. Une grande partie du temps courbées ou à genoux. Sans le prélavage automatique, l'assouplissant ou les gants Mapa. Alors forcément quand elles débarquent, elles se redressent, debout, lèvent la tête bien haut et se tiennent droite. Ce n'est pas de la fierté mal placée. Juste une dignité retrouvée.

Elles apprennent toute leur vie le vouvoiement approximatif. L'évolution de l'homme a précédé celle de leur femme. Ils ont la tête levée depuis bien longtemps à force de guetter la moindre opportunité. Leur jeunesse durant, elles espèrent qu'un mari de France, d'Allemagne, d'Espagne ou des Pays-Bas vienne les chercher. Ce sont les mères qui mettent ça dans les têtes de leurs filles. La mère vend à sa fille ce que la France vend aux débarqués. Un rêve en voie de désillusion. Des filles en fleurs qui rêvent du prince charmant et qui sont devenues en un temps record, femme et mère. Généralement, la nuit de noces suffit à battre ce record. Non, les mille et une nuits ne nous sont pas accordées pour faire connaissance. La nuit de noces permet de faire connaissance plus directement sans passer par quatre chemins. Nuit de noces qui se consomme aussi vite que la magie du mariage se consume. Les mères des deux mariés s'affairent au petit matin pour être la première à leur porte et trouver le bout de tissu immaculé de sang. Quelques minutes de silence autour d'un morceaux de tissu au risque de foutre en l'air la vie de toute une génération de femmes qui pleureront sur l'honneur souillé de la famille. Ce qu'elles oublient c'est que n'importe quel sang pourrait faire l'affaire et clouer les becs. Même le sang du poulet qui trônait dans le frigo la veille. C'est peut-être la belle-mère elle-même qui a volontairement laissé ce poulet, allez savoir. La soumission l'emporte sur le féminisme. La soumission aux hommes. La règle du dominant-dominé auxquelles nos mères se plient sans forcément toujours savoir pourquoi elles font ce qu'elles font, pourquoi elles sont là finalement. Et cette course à la grossesse va durer quelques années. Les mères veulent des filles pour qu'elles puissent l'aider à la maison quand elles en auront l'âge. Elles veulent des fils pour les protéger. Elles essaient de trouver la paix entre le fils qui a mal tourné et celui qui s'est radicalisé dans la religion : se voiler mieux, sortir moins et prier plus.

Un beau jour où la marée est favorable, elles « traversent ». Enceintes ou avec des enfants en bas-âge. Plus pratique pour les papiers. Du mariage au débarquement il n'y a qu'une étape à franchir : la grossesse. Parce qu'évidemment en repartant en France le mari laisse souvent un petit souvenir de la nuit de noces, histoire de ne pas oublier. La contraception ? Surtout pas. Ça rend stérile. Transformation d'une anecdote d'un village en fait universel indiscutable. Une spécialité chez nos mères. Monter sur un âne ? Oui mais jambes serrées alors. Le choc pourrait engendrer une perte de la virginité quasi immédiate. La sexualité est totalement taboue, mais c'est la perle précieuse d'une femme pour justement être un jour une femme et pas une garce. Le sujet n'est jamais abordé, jamais expliqué, mais il est insinué presque tout le temps et partout. Partout parce qu'il y a des hommes partout. L'homme est un loup pour l'homme. Mais surtout pour la femme. Tous les hommes qui ne sont pas de la famille, père ou frère, sont fichés suspects éventuels sur la liste des violeurs potentiels. Nous devons nous méfier. Nos mères nous élèvent comme le petit Chaperon rouge sur le ton de la sorcière Karaba dans Kirikou. Tout est dangereux dehors. Elles nous jettent sans scrupule dans la cage aux lions quand il s'agit de nous marier. En nous promettant une vie au goût de miel. Sur le même ton que le loup « Entre mon enfant, aie confiance… ». Alors non. Le jour où elle nous présente une belle pomme douce et juteuse pour prendre pour époux un inconnu dont « on connaît bien les parents ! », la pomme on ne veut pas croquer dedans. Mais c'est une question de génération. Les femmes d'aujourd'hui sont plus exigeantes et la liberté dont elles jouissent leur accorde le droit de douter et d'avoir le choix. Nos mères elles, suivent leur mari quelques années voire parfois quelques décennies après leur arrivée en France. Avec quelques vêtements dans leur valise et surtout beaucoup d'espoirs. Elles arrivent pour élever leurs enfants de la même façon qu'au bled mais en acceptant volontiers de troquer leur planche à frotter le linge contre une machine à laver, et un évier en chrome pour remplacer les bassines en plastique de la vaisselle. Les mères ne s'adaptent pas aux pâtes, aux conserves, et aux rumstecks en boîte. Elles ne laissent au temps pas une seconde de libre. Elles cuisinent à faire du couscous, du pain vapeur au jus de viande, des pommes de terre aux épices jaune, rouge, et orange. Et surtout de la viande pour leur mari. De la viande rouge. Beaucoup. Tous les jours. En sauce. Un signe de richesse archaïque mais qui a toujours sa place dans nos congélateurs remplis jusqu'au bord. Avec l'os et la moelle qu'ils aspirent bruyamment comme des hommes préhistoriques à table. Avec toujours une boîte de sardine à la tomate pour accompagner. Qu'ils mangent avec les mains et les doigts en oubliant toute la civilité et la courtoisie dont ils font preuve toute la journée en société. La viande quotidienne c'est signe d'une bonne santé financière du foyer. En sauce, avec des légumes, dans la gamelle, ou dans la soupe, elle est présente à chaque repas. Souvent du mouton. Tout est bon dans le mouton. Les abats, les tripes qui trempent dans une eau trouble, les oreilles, les pattes et la tête qu'on fait brûler au jardin pour la découper à la scie sur la table de la cuisine et la manger. Nos mères n'ont pas eu de formation mais un dimanche par mois elles jouent à la boucherie dans la cuisine. Elles crament les poils du poulet sur la gazinière, zigouillent le lapin sur du papier journal. Toujours après que les enfants aient joué avec. Elles tirent sur leur fourrure et des boyaux gris et puants tombent sur le journal près de l'évier. Nous les épions, écœurés, à travers la fente de la porte sans savoir si nous devons vomir ou pleurer. Et elles égorgent les moutons et les hérissons dans la baignoire. On les cache dans nos coffres de voiture et la nuit quand vous dormez, nous les sortons discrètement et nous les égorgeons en silence. Beau ramassis de cliché n'est-ce pas ? Non nos parents n'égorgent pas de moutons dans la baignoire. Et des hérissons encore moins. Nos parents la plupart du temps font comme vous et achètent leur viande chez le boucher, ou à l'abattoir pour les grandes occasions. Ils se servent les plus beaux morceaux. Tout ce que nos mères ont appris dans leur cuisine au pays, elles y restent fermement fidèles. Tout ce qui est occidental, elles refusent pendant longtemps de s'y plier. Trop peur de s'européaniser. De se moderniser. De faire simple. De s'économiser. D'être à la mode. La grosse bouteille de butane dans cuisine ? Présente. Non, pas le petit cube design qui sert à allumer la gazinière. L'autre. La grosse toute bleue. Celle qui sert à alimenter le plat en fer épais que l'on fait tenir avec des pieds de table au milieu de la cuisine près des rideaux. Pour le pain maison, les crêpes carrées à l'huile, les beignets rectangles au sucre glace, les paëllas pour quinze. Ce n'est pas grave. On est équipé d'un extincteur au cas où. Dangereux nous ? Certainement pas. C'est juste au cas où.

Dans la famille on achète tout au format familial. On achète le riz par dix kilos, les boîtes de Saint-Mamet par cinq kilos. C'est qu'il y en a des mioches à la maison à nourrir. On achète gros, on achète abondance pour avoir l'impression d'être opulent. De l'huile. Des bouteilles d'huile de deux litres pour les fritures de poissons, les tajines, le couscous qui défie Weight Watchers, des gâteaux au miel en tout genre. Dans leur petite cuisine, les hottes sont les bienvenues. Aucune autre hotte que celles de nos mères n'aura vu autant d'huile dans sa vie. Elles n'aspirent pas, elles boivent et gargarisent toute la tuyauterie.

Nos mères nous aiment. Nos parents nous aiment. Ils nous aiment comme un caprice. Ils nous veulent pour eux à tout prix. Ils ne supportent pas de nous partager. La simple idée que leur fille ait pu être raccompagnée en voiture par son collègue les ferait sortir de leurs gonds. Nos mères nous appellent sur notre lieu de travail trois fois par jour pour nous demander ce que l'on fait. Et si l'on ne répond pas au téléphone qui vibre inlassablement dans notre sac, on se fait chahuter de manigancer quelque chose de pas clair. Eux qui ne connaissent ni la force de vente, ni le marketing direct détiennent toutes les ficelles de la négociation quand il s'agit de notre avenir. Ils tiennent absolument à nous faire signer un contrat cinquante-cinquante pour ce qui est du partage du bonheur. Ils veulent notre bonheur mais à leurs conditions. Ils sont persuadés qu'ils savent mieux que nous ce qui est bon pour nous. Ils n'ont pas vu le changement de siècle passé. Ils s'accrochent tellement à leurs rêves de nous voir nous marier avec quelqu'un du même pays voire de la même région qu'eux, qu'ils honnissent toute autre éventualité.

C'est le harcèlement de nos parents qui nous fait craquer. Toutes les générations en sont victime, chacune à son échelle. Nous finissons par céder pour avoir la paix. Nos parents savent nous convaincre qu'ils nous connaissent mieux que nous. Une fois que nous leur donnons carte blanche, ils organisent tout. Comme pour eux, la rencontre du prétendant s'organise autour d'un verre de thé toujours trop sucré et de petits gâteaux. Les parents respectifs trinquent. Le claquement des verres scellent deux destins. Les youyous de la belle-mère officialisent leur union. La cérémonie du henné, des œufs dans la farine, et des bougies fait rimer beauté avec fécondité, maternité, femme au foyer, faire à manger, table à langer, fer à repasser, quinze mètre carré, finie la corde à sauter. C'est un rituel qui se transmet de génération en génération sans que personne ne puisse nous expliquer clairement la signification de ces rites ancestraux. Ce n'est pas religieux mais nos mères n'admettent pas faire du mourou-mourou contre le mauvais œil en ayant recours à autre chose que le Livre Saint.

Un jour finalement nous acceptons de « nous ranger », de nous marier, de porter le voile tant repoussé par les excuses des études, du travail, ou de la jeunesse, de tirer un trait sur nos amourettes de récréation, d'arrêter de faire la bise aux garçons, nous devenons une toute autre personne. Un être en quête de sagesse qui ressemble étrangement à ses parents tant refoulés. Une personne insipide. Formatée. Prête à fonder une famille de façon primaire, en oubliant bien souvent ses principes élémentaires. Nos longues et douloureuses études finissent par traîner dans des cartons à la cave, nos livres tant aimés pourrissent dans l'humidité ambiante, et nos efforts d'intégration culturelle avec. Nous étions peu, nous sommes devenus rien. Pourquoi s'acharner à gaspiller tant de papier pour remplir une cervelle à qui on demande de tout oublier aussi sec.

Nos parents ont peu d'amis. Paradoxalement ils aiment recevoir. Pour montrer. Qu'on a le cœur sur la main. Qu'on est bon. Montrer qu'on peut inviter. La famille, les oncles, les hommes de la mosquée, et les femmes. Nos mères jouissent à inviter des femmes même si elles les détestent. Pour faire bonne figure. Pour leur clouer le bec pendant qu'elles s'empiffrent de pain trempé dans la sauce du poulet aux olives. Ils ont des cousins, des amis d'amis par alliance mais ils ne retrouvent jamais leur collègue de travail après le boulot pour boire un café. Ou médire sur leur patron. Ils ont trop peur pour ça. Ils tiennent aussi trop à leur place pour prendre le même risque que Jean-Jacques et cracher dans la soupe. Ils savent les efforts pour être pris au sérieux et non plus pour l'animal de service. Ils vivent du communautarisme, s'entraînent les uns les autres pour aller faire la prière à la mosquée au moins le vendredi, mais se sentent tout de même fiers de faire partie de ces pionniers qui offrent à leurs enfants une autre vie que celle qu'ils ont eue. Ils se plaignent entre eux, s'invitent entre eux, se complaisent à être grave, se disent que de toute façon c'est mieux qu'au pays, mais savent qu'ils sont condamnés. Double peine. Punis deux fois. L'une parce qu'ils s'incrustent dans un pays où personne ne les a invité à la garden party, l'autre parce qu'au bled ils passeront désormais toujours pour ceux qui osé saisir leur l'opportunité de rejoindre leur avenir en abandonnant leurs racines poussiéreuses et archaïques. En arrivant en France ils sont majoritairement repoussés. Orientés. Freinés. Balancés. Casés. Fichés. Par vous. Par « vous ». Ce « vous » que les français utilisent pour les montrer de l'index et les dénoncer du majeur. Pour les marquer à la craie. Pour les généraliser. Pour leur dire qu'on les voit. Qu'on les regarde. Qu'on les observe. Et surtout qu'on les surveille eux et leurs coutumes d'apaches. Qu'on ne les lâchera pas. Maître corbeau ne tolère pas que la fourmi sa voisine fasse sa marmite en silence sous son arbre. Il lui faut un coup de bec de temps en temps pour vérifier qu'elle n'a pas trop pris la confiance, qu'elle ne s'est pas trop adaptée. Parce qu'ils se sont adaptés, nos parents. Ou intégrés. Comme vous ils font leurs courses, achètent leur baguette traditionnelle, plaisantent avec le facteur, achètent leurs carottes sur le marché, mangent des croissants au petit déjeuner. Ils sont là, vivent leur vie. Ils vivent. Au sens propre. Ils mangent made in France, ils dorment dans un lit, ils rient aux éclats, ils consomment, ils prennent soin d'eux, ils ont une opinion, ils travaillent, ils se déplacent, ils n'ont ni plus ni moins de maladies, ils disent bonjour et merci, ils ont un compte en banque, ils roulent en voiture, ils fument, ils reçoivent leurs amis à dîner, ils ont des enfants, ils ont des peurs, ils ont des rêves. Comme vous. Mais la différence vient de celui qui la remarque. Pas de celui qui l'ignore. Qu'il est citoyen de rappeler au petit dernier de sa génération que ses racines sont encrottées. Parce que Mohamed, Ali ou Mourad, il ne sait pas que ça se voit qu'il est plus foncé. Plus frisé. Ils croient que ça ne se voit pas. Que vous ne les remarquez pas.

Nos pères n'ont pas fait d'études, ils ont réussi à débarquer en France grâce à « bonjour », « combien », « «merci m'sieur » et aux cousins, frères et proches qui étaient déjà sur place et qui les ont embarqués dans la même vie qu'eux. L'école s'est arrêtée à neuf ou dix ans dans un village au bled où le professeur était également l'Imam de la mosquée. La culture avec un grand C ils n'en ont jamais entendu parler. Le cinéma, le théâtre, la musique ne faisaient pas partie de leur monde. C'était de la perte de temps. Ça détourne des choses les plus essentiels, de Dieu, en mettant une agitation trop occidentale dans la tête. Du passe-temps de bourges, futile et superficiel. Ça ne remplit pas les assiettes ces sornettes. La culture avec un grand C était pour eux tout ce qui relève de leur propre culture : nourriture et fêtes traditionnelles, religion, langue, maison. Pas de distraction intrusive qui pourrait polluer leur esprit. Ils estiment que si nous avons du temps libre, on ferait mieux de le consacrer à des choses utiles comme le Coran ou la prière. Nos parents souvent nous interdisent de parler français à la maison. La langue est la seule chose qui a une valeur sûre en terme de transmission des racines. Le devoir de mémoire. L'obligation de transmettre. Nous parlons leur langue, ils parlent mal la nôtre. Nous avons une richesse supplémentaire. Il leur manque les bases essentielles pour comprendre cette société qui est devenue la leur. Même de leur propre histoire, de leur propre pays. Ils ne nous transmettent rien car ils ne connaissent rien. La fierté non plus ils ne nous l'enseignent pas. Ils préfèrent nous apprendre à être humbles, bons, généreux, dévoués, clément et miséricordieux. A ne pas s'enflammer, à ne pas s'enorgueillir, à ne pas crier, à ne pas riposter, à avoir la victoire modeste, quasi imperceptible. A n'être qu'à peu près. A peu près comme eux. A fermer sa gueule en espérant et en croyant. Leur seule fierté c'est leur pays et le roi. Nos parents réclament toujours le silence quand le roi passe à la télé. On monte le son de la télé à fond quand il apparaît au milieu du peuple. On se tait. Il est adulé comme une rock star par le peuple mais nous ne comprenons pas pourquoi. Nous y sommes insensibles. Nous ne le connaissons pas. Il n'a rien fait pour nous. Et visiblement pas assez pour nos parents pour qu'ils cherchent à quitter leur pays à tout prix. Alors lui ou un autre, pour nous c'est pareil. C'est juste un chef qui a du pouvoir et nourrit son peuple avec du temps qu'il daigne bien leur accorder. Et si par malheur un soupir blasé échappait à notre bouche pendant ces interventions publiques, une baffe inopinée nous enseignait à respecter le chef de la nation.

A l'école les professeurs ne manquent pas de nous rappeler nos origines sociales. A chaque rentrée scolaire. En remplissant la case « profession des parents » on a honte. On met la main sur la fiche pour ne pas que notre nouveau camarade de table nous fiche lui aussi. Nos mères sont toutes des « mères au foyer ». C'est une formule toute faite qui nous évite l'échec d'écrire « rien » ou de poser naïvement la question. Rien comme l'avenir qui nous dit « viens ! » et que l'on commence à construire dans nos écoles aux classes en sureffectifs, aux locaux plus que moches, et aux professeurs à Bac + 5 avant la dépression ou à deux ans de la retraite. Nos parents nos envoient dans ces écoles sans y avoir mis les pieds eux même. Métaphoriquement et physiquement. Sans vraiment savoir ce qu'on y apprend. Pour eux souvent l'école se résume aux mathématiques, aux langues et au sport. Les disciplines qui comptent. Ils ne savent pas quel citoyen on nous apprend à devenir pendant les cours d'éducation civique.

On ne sait pas ce qu'ils font comme métier nos pères. Alors on écrit « ouvrier ». Ou cariste. Ça fait plus vrai métier « cariste ». On ne sait pas précisément ce qu'ils font mais on sait qu'ils portent des bleus de travail pour aller à l'usine. Et qu'ils sont forts. Ils ne travaillent pas assis sur une chaise devant un ordinateur. Ils travaillent avec leurs mains sèches, rugueuses, avec des cornes et des crevasses. Et ce ne sont pas sur nos joues qu'elles se sont usées leurs mains. Alors quand on voit ça, on essaye d'obtenir de bons bulletins scolaires pour que leur lourde main se pose sur notre tête pour nous aimer. Ils nous disent que l'on a de la chance d'aller à l'école. De la chance, nos parents n'en ont pas. Ils subissent la suite logique des choses. La chance, c'est quelque chose qui tombe du ciel. Souvent pour les riches. Souvent pacsée avec le talent. Une femme qui n'aime pas les pauvres. Qui se complait dans le beau, le propre et le cher. Alors en étant arabe et pauvre, la chance elle ne pouvait pas tomber plus dans le populaire. Elle nous tend quand même son petit doigt la chance. Elle nous laisse la possibilité de faire des études. A force d'entendre que s'instruire nous permettra d'avoir « un bon métier Inch'Allah ! », on s'accroche. On essaie de vous ressembler en nous plongeant dans votre culture. On croit qu'il faut vous imiter pour vous ressembler. Souvent ça marche.

Au début on hésite entre théologie ou des études de lettres à l'université. On est bercé par l'envie et le dédain. L'envie de retrouver la foi perdue en faisant des « études intelligentes qui nous serviront dans la vie ». Le dédain de se farcir Proust, Sartre, Epicure, Nietzsche, Spinoza, Pascal, Kant, Marc-Aurèle, Le Caravage, la Chapelle

Sixtine, Ingres, Matisse, L'Iliade et l'Odysée, La Divine comédie, Virgile, Duringer, Oscar Wild, George Orwell, ou encore les déboires adultérins de Mme Bovary. Une palette de culture qui nous sera certainement utile aux dîners mondains auxquels nous ne sommes pas conviés. On se dit qu'être érudit c'est peut-être la seule alternative possible pour sortir de nos taudis. On a beau apprendre tous les départements français qu'on ne visitera jamais et dont nos parents n'ont vu que la nationale et l'autoroute, on a beau flirter avec la fille du directeur, on peut chanter à tue-tête tous vos proverbes bien-de-chez-vous, on aura toujours la même place entre le radiateur et la photocopieuse. Mais c'est une fierté pour nos parents. C'est toujours mieux que l'usine. Si on travaille dans un bureau au chaud c'est gagné. Et nos mères ne se privent pas d'enjoliver royalement les choses. Si leur fils travaille comme bagagiste à Roissy, il est employé chez Air France. S'il répare les ordinateurs, il est ingénieur en informatique. S'il installe des téléphones, il est cadre chez France Télécom. Nos mères adorent nous comparer les uns aux autres. Elles sont persuadées que c'est un moteur de motivation. Elles nous rabaissent en nous disant que le fils de la voisine a certainement un bon métier pour se payer une telle voiture. Elles pensent qu'ainsi nous allons redoubler de force et grimper les échelons plus vite. Pour les filles c'est différent. Elles veulent que ce soient des bonnes cuisinières et des femmes dignes de leur mari. Alors elles essaient de leur éviter les bancs de la fac. En leur proposant des prétendants tôt. Ou en leur mettant des bâtons dans les roues. Non ma fille, tu n'iras pas dans cette faculté où l'on ne connaît personne. Non, les stages à l'étranger ça ne se fait pas pour une fille. Les études c'est l'école, la maison. Nos mères maîtrisent également l'art de nous renvoyer vers nos pères dès qu'une importante décision à prendre se profile. Elles savent que nous avons peur de nos pères. Elles ont assez longtemps testé sur nous le « je vais chercher ton père ? » qui annonce la raclée qui nous attendait au tournant. Elles se débarrassent de nous et de nos envies avec des « Demande à ton père ». Depuis notre plus tendre enfance nous avons une peur bleue de contrarier nos pères, alors on se soumet et on se plie. Nous ripostons à nos mères qui nous frappent et qui nous pincent. Mais face au tyran statique et silencieux avec qui il n'y a aucun dialogue possible, on s'écrase rapidement. On tire un trait sur nos voyages scolaires éducatifs et on choisit les formations où les stages à l'étranger sont facultatifs. Inutile de les contrarier dans leur paisible sommeil. Il ne s'agit que de notre avenir.

Pour s'accrocher, on se cherche des modèles de réussite. On en trouve parfois et on s'excite, on se dit que tout est possible. Qu'un arabe, sans diplôme, et infirme, qui épouse la plus belle femme du PAF ça existe, alors pourquoi pas nous. Nous sommes la règle confirmant l'exception. Mais nous ne sommes jamais l'exception. On est vite désenchanté car n'ayant aucune chance et un talent fuyant, on ne décroche jamais la lune, ni les étoiles ou un simple statut de cadre. Et si toutefois on l'obtient, vous prenez bien soin de nous préciser que c'est un statut de cadre « assimilé » qui n'est pas tout à fait un statut de cadre même si c'est écrit. On a la victoire au bout des doigts mais vous avez le bâton. Même la reconnaissance est impalpable. On s'y fait. Le problème réside ici. Comme nos parents, on finit par dire merci et on s'adapte. On cède en traînant les pieds. A notre échelle. On abandonne une partie du pactole pour lequel on s'est démené pendant nos études supérieures. Parce que comme nos parents on se dit qu'après tout, nous avons un toit. Un travail. De quoi manger. C'est le principal. C'est que tout le monde veut. Une assiette remplie et un peu de distraction. Comme vous. Quitte à aller la remplir à la soupe populaire son assiette. Nous ne sommes pas pauvres, « hamdullilah ! ». Mais pas assez riches non plus pour snober les soupes populaires, les fourgonnettes qui distribuent une fois par mois du lait, des œufs et de l'eau, et les couscous party certains vendredis à la mosquée. Une panse remplie gratuitement ici c'est toujours une autre dépense ailleurs.

Grâce à quelques petites économies, nos parents nous offrent très tôt notre meilleure amie d'enfance. Ce tendre amour de notre enfance qui nous accompagne, qui nous fait nous échapper et nous sentir fort. Et ce grand amour c'est la télévision. Nous l'aimons, nous la chérissons, nous l'allumons et l'éteignons sans cesse. Nous jouons avec son bouton principal comme on joue avec interrupteur. Nos parents nous crient dessus avant qu'on ne fasse griller le fusible. Ce qui finit toujours par arriver. Surtout pendant les vacances. Nous pouvons passer des heures devant la télévision. Nos mères nous ne l'interdisent jamais. Elles n'ont pas les moyens de nous envoyer en colonies de vacances alors elles se disent qu'elles nous doivent au moins ça. Elles ont la paix et peuvent s'occuper sans avoir à s'occuper de nous. Nous sommes toujours en conflit avec nos frères et sœurs pour savoir si c'est Princesse Sarah ou Tintin au Congo qui aura la majorité des voix. Ces personnages sont nos amis. On est toujours d'accord avec eux. On les admire et on voudrait être comme eux. Les personnages de dessins animés sont nos références, nos héros et nous racontons à nos mères leur histoire comme s'ils étaient nos véritables amis. La télévision est comme un refuge. On se sent protégé, en sécurité. La vie coule tranquillement dans le salon pendant que nos mères s'activent entre la cuisine et le ménage. A défaut d'avoir le code parental, elles passent une tête de temps en temps pour vérifier que nous sommes sages dans notre cocon. Nous respirons le parfum des épices qui envahit petit à petit toutes les petites pièces de l'appartement. La vapeur gagne les vitres et nous nous régalons de ces rares moments où nous sommes calmes. Jusqu'à l'arrivée du père. Il reprend la télécommande et zappe. Il cherche un programme qui puisse lui permettre de ne pas agripper ses doigts aux boutons. Un film sans que Miou-Miou ou Daroussin ne surgissent sur l'écran tout nus ou en plein préliminaires. Nous sommes tenus responsables de toutes les scènes osées ou baisers trop insistant qui crèvent l'écran. On se fait maudire par nos pères qui dégainent trop tard la télécommande pour zapper en nous envoyant une chaussure pour nous éclipser du salon et ne pas montrer leur incompréhensible malaise. Nos parents ne laissent apparaître aucun signe d'amour ou d'affection. Ça ne se fait pas. Pourquoi ? C'est comme ça. Ils nous chouchoutent quand on est encore petit mais les effets de la paternité prennent fin vers l'adolescence. Aussi bien vers les filles que les garçons. Ils sont durs avec les garçons pour qu'ils deviennent des hommes. Ils sont fermes avec les filles pour ne pas qu'elles s'imaginent que la porte est ouverte. On câline rarement nos parents. Nos mères quelques fois pour les soutenir. Mais jamais nos pères. Nous n'avons pas cette éducation là. Nous n'avons pas d'histoires avant de nous coucher. Pas de poésie pour faire de beaux rêves. Parfois en grandissant on essaie. On embrasse nos pères sur leur front dur. Ils se braquent. Ils ne disent rien et s'en vont. Nos parents ne s'embrassent pas. Parfois ils se touchent le bras pour s'interpeler. Les seules fois où nous entendons le prénom de nos parents c'est au bureau de l'assistante sociale ou chez le médecin. Nos parents ne s'appellent pas par leur prénom. Ils se comprennent au ton qu'ils utilisent quand ils se parlent. Pas de merci, ni de s'il te plaît. Des « hé », « viens », « tiens », « prends », « donne », « ramène », « chut ». Pas de « si tu veux », « avec plaisir », « tu en veux ? », « c'est gentil ».

Les mères arabes aiment les enfants. Très souvent elles préfèrent les garçons. Les parents établissent les règles de l'éducation assez tôt. Dès le berceau pour certains. La circoncision. Une manière rudimentaire d'expliquer d'inégalité des sexes aux enfants. Mourad on va lui retirer le prépuce. C'est plus propre. Ça évite les maladies. C'est comme ça qu'il a dit Dieu. Il faut le faire. Souvent la circoncision est faite quelques mois après la naissance, parfois jusqu'à trois ou quatre ans. Une façon de sceller la descendance tant attendue. Là on s'en souvient. Longtemps. Pas assez longtemps pour ne pas reproduire le même schéma à chaque génération. Nos parents sont pour nous à la fois le modèle d'un couple qui a réussi et le piège dans lequel il ne faut pas tomber.

Les garçons sont bénis et chouchoutés. Un garçon ça gambade, ça court, ça sort. Ça a un zizi. Pas de souci avec le zizi. Il plie mais ne rompt pas. Contrairement à l'hymen qui lui se trouve fort dépourvu quand la biroute fut venue. Et ça nos mères nous l'explique très tôt. Gare au gorille. Faire attention aux garçons et à leurs intentions. Il ne faut pas qu'ils nous abîment, qu'ils nous « gâchent ». Voilà les fermes conseils que l'on absorbait entre une dictée préparée et une carte de géographie à colorier. Les garçons ça apprend le Coran encore tout petit avec une facilité déroutante et ça récite à tue-tête. Les filles ça apprend à devenir une femme en cuisine. Qu'il est bon d'entendre les paroles divines dans la bouche d'un enfant ! Les pères y travaillent avec amour, les mamans en raffolent. Ce qui épate la galerie lors des repas entre amis ou en famille. Les mères ne peuvent s'empêcher de demander à leur petit chéri adoré de réciter une sourate ou encore l'alphabet en arabe. Toutes les femmes s'émerveillent devant ce prodige en maudissant leurs propres enfants de s'être trop européanisés avec Rihanna ou David Guetta. Un garçon deviendra fort et protègera sa mère. Et il sera docteur. Ou ingénieur. Pour soigner ses pauvres parents plein de cholestérol, d'hypertension et de syndrome de Parkinson. Il prendra en quelque sorte le relai quand le père sera trop fatigué d'avoir travaillé à genoux, ou d'avoir trop courbé l'échine dans son potager. Et les garçons mangent ! Qu'est ce qu'ils peuvent manger ! Ils reprennent du tajine de maman plutôt deux fois qu'une et on les encourage à finir l'assiette. C'est la bonne santé ! Un gamin qui en reprendra de son chef sera considéré comme un glouton, alors que si c'est sa mère qui le lui demande il fait le bonheur des ogres. Mais attention, jamais de la main gauche ! Elles se sont données tellement de mal à nous faire manger et boire de la main droite. La gauche c'est le diable. Elles nous ont enseignés à faire par la droite, et à défaire par la gauche. A toujours commencer par mettre sa chaussure droite, mais à retirer d'abord la gauche. L'ordre des choses et la rigueur nous sont inculqués avant la maternelle. Les mères mettent beaucoup d'espoir dans leurs garçons. Ils apporteront la descendance. Un garçon « Inch'Allah » ! Et une belle-fille en prime. Celle qui donnera naissance à cette descendance. A contrario, leurs filles qui se marient quittent la maison en fermant la porte derrière-elle le jour où leur prince charmant halal viendra les chercher. Bien sûr on les aime aussi les filles. Les filles c'est mignon tant que c'est petit et que ça obéit. On leur fait les yeux noirs si elles s'attardent trop à table. La philosophie du « mange moins pour te trouver un mari, mange plus pour le garder ». C'est à la puberté qu'elles deviennent une source éternelle d'angoisses. Quasiment un danger. On arrête de jouer à la dinette, on essaye de ne pas se faire prendre à jouer les midinettes, mais Big Brother – envoyé par Big Mama – is watching us. Alors on rentre de l'école à l'heure. On s'occupe beaucoup à la maison pour se donner une bonne excuse pour ne pas sortir. Une Cendrillon des temps modernes. On ne fréquente ni cinéma, ni café, ni g*rçon. On rêve d'aller « boire un verre ». On rêve du conte que nous racontaient nos mères dans le berceau, des Mille et unes nuit, sans la serpillère, ni le balai et sans le dos courbé pour destinée. De rentrer quand il fait nuit mais pas à cause de l'heure d'hiver. On rêve français, Noël, champagne et tchin-tchin. On s'égare beaucoup en rêvant. On s'imagine dans vos appartements lumineux sur un canapé en lisant des magazines, ou à votre table fourchette à gauche, couteau à droite, et parfois aux cinquante ans de Gégé dans la salle des fêtes du village. On s'imagine faire la chenille. Même ce qui est ringard on en rêve parce que c'est inaccessible. On a trop peur de se faire gauler. On n'ose jamais défier nos parents. Quand on « traîne » on sursaute à la moindre voiture identique à celle de nos pères qui passe. On essaie de préserver au mieux le droit de liberté que nous offrent nos parents. On s'estime heureux de peu. Toujours louer Dieu même quand on est insatisfait. Nos parents nous le répète sans cesse quand on se plaint. « Il y a pire ». Les pauvres et les orphelins. Il y a mieux aussi. Mais ça pourrait être pire alors « hamdullillah ». Jusqu'à la majorité. La majorité chez les arabes relève le plus souvent de l'âge qui rime avec mariage, que de l'accès au droit de vote que souvent nos parents n'ont pas. Donner le droit de vote aux étrangers. Le devoir est une obligation, le droit un privilège. Nos parents paient des impôts depuis quarante ans. Ils habitent le même logement pendant toute leur vie. Qui mieux qu'eux connaît la vie de quartier, la ville et les maires successifs ? Vous ne leur demandez pas leur opinion, ce ne sont que des arabes après tout. Vous savez ? Ces hommes qui ont les mêmes qualifications que vous, les mêmes attentes, les mêmes rêves qui foutent le camp, les mêmes devoirs, les mêmes enfants dans les mêmes écoles, les mêmes salaires dans les mêmes usines, les mêmes douleurs dans les mêmes cœurs, les mêmes bouches pour dire merci ou merde, les mêmes poings contre l'injustice, les mêmes gueules contre l'abus de pouvoir, les mêmes larmes que vous, mais pas les mêmes armes. Pas les mêmes droits civiques. Pas les mêmes libertés. Pas les mêmes certitudes. Pas la même confiance. Pas le même « demain tout ira mieux ». Pas les mêmes craintes de ne pas se voir renouveler leur titre de « séjour ». De drôles d'oiseaux perçus comme des oiseaux de mauvais augure, et que vous souhaitez n'être que des oiseaux de passage.

Nos parents nous ont installés dans une chambre avec vue sur l'Occident pensant bien faire. Ils ont cru sortir du tunnel et ont cherché l'issue. Mais chaque issue débouche sur un nouveau tunnel. Notre porte de sortie c'est le mariage. Alors on se marie dès que la situation le permet. La situation professionnelle. L'amour, vient au troisième plan. Après le mariage. On se trouve un travail. N'importe quel travail tant que nous sommes embauchés en CDI. On se marie, et si Dieu le veut, on s'aime. Le mariage c'est la fierté des parents et un poids lourd comme les années qui tombent. A partir de là, la responsabilité est au mari. Advienne que pourra. Sauve qui peut. Les parents ont rempli leur contrat et se font un plaisir de le signer devant monsieur le maire. Puis au consulat. Pour certaines d'entre nous ce sera la libération, l'émancipation, la ligue des champions. Les autres joueront les prolongations, les éliminations, les « quand tu sors, fais attention », « fais le tour là y a trop de garçons ». Au jeu des sept familles, les filles ont le choix parmi leurs prétendants. Mais au bout du xième refus, les parents sont en droit de radier leur fille de la liste des candidates matrimoniales si elle n'accepte pas la prochaine proposition maritale. Quoi de mieux qu'une visse bien serrée pour faire tenir un couple ?

Ce sont les parents qui divisent leurs enfants. Pendant l'enfance, les frères et sœurs sont comme chiens et chats. Les meilleurs amis d'enfance du monde. Le problème c'est qu'en grandissant les garçons restent chiens. De garde. Ils nous observent du coin de l'œil quand nos mères fouillent dans notre sac en rentrant des cours. Il n'est pas rare que nos mères retournent nos sacs. Nous les prenons pour des ignorantes pensant qu'elles ne soupçonnent l'odeur de cigarettes sur nos manteaux. Et elles nous le rendent bien de leurs mains lorsqu'elles nous chopent le paquet de cigarettes planqué entre deux cahiers. Nous nous débattons prétextant qu'il s'agit du paquet d'une copine mais elles n'entendent rien. Puis un jour les bras n'ont plus la force de donner les coups et elles capitulent. Elles pensent que peut-être nous disons vrai, ou bien sont-elles fatiguées de jouer au chat et à la souris à leur âge.

La place de chacun est chez nous bien déterminée. Tel mère telle fille, tel père tel fils. Le complexe d'Œdipe ? Pas le temps pour ces choses là. La petite fille qui se maquille comme maman pour plaire à papa, ou le petit garçon qui veut se marier avec maman. Comme c'est mignon. Pas de ça chez nous. Primo parce que les mères arabes disposent rarement d'une trousse à maquillage. Seules quelques crèmes pour le visage sans parfum, sans paraben, sans silicone, sans aluminium, et sans crème. Et un khôl en poudre de perlinpinpin pour souligner les yeux à l'aide d'un bâton qui ressemble vaguement à un cure-dent. Le tout dans leur sac. Un beau sac en sky Chanel immaculé d'un C comme contrefaçon. Nos mères aussi rêvent de Louis Vuitton, de Chanel ou de Kenzo. Pourquoi elles n'en rêveraient pas elles ? Deuxio parce qu'un petit garçon qui dit qu'il veut épouser sa mère on en rit quelques minutes, puis on lui pince bien fort la joue pour qu'il ne redise plus jamais ça. On rit mais on tape. Comme pour les bêtises. Nos mères ont des doigts de velours sur des mains de cuir. Une baffe, un câlin. Tiens ça t'apprendra, mais oui je t'aime. Bourreau et consolante à la fois. C'est quelque chose qu'elles maîtrisent à la perfection. Au point d'en jouer parfois. La claque part. Les joues n'ont même pas le temps de rougir qu'elles nous ouvrent déjà leurs doux bras attendrissants et réconfortants. Elles maîtrisent la psychologie de l'enfant comme personne. Nos mères n'ont jamais entendu parlé de Freud et de psychologie de manière générale, de la déprime, de la crise de la cinquantaine, du botox ou du collagène, des tocs ou autres pathologies occidentales à la mode. Quand elles souffrent, elles pleurent. Quand elles jouissent, elles crient. Quand elles rient aussi. Quand elles font mal, elles s'en veulent. Quand elles doutent, elles baissent les yeux. Elles ont honte. Pourtant elles ont du caractère, du culot même. Mais elles ne se sentent pas intégrées à la douce France. Elles s'y sentent comme invitée. Non pas au sens d'une hôte, mais comme si la Liberté guidant son peuple lui avait susurré de s'estimer déjà heureuse de faire partie de ce pays sans qu'elle n'ait en plus besoin de se faire remarquer. Silence, on tourne nous. Elles jouissent de leur carte de séjour sans chercher à savoir quand le séjour prendra fin. Le peu qu'on leur donne c'est déjà beaucoup. Pardon. Merci. Devant les français, elles baissent les yeux. C'est normal pour elles de tenir systématiquement la porte à ses voisins, tout comme c'est normal de dire merci à la caissière qui bipe ses articles sans jamais les regarder et à qui nos mères sont systématiquement obligées de demander « combien s'il vous plaît ? ». Si nos mères volaient le travail, comme ils disent, de ce genre d'énergumènes, ce serait les youyous et cinquante pour cent sur le couscous Pierre Martinet à chaque client qui passerait à la caisse. Elles disent toujours « avec plaisir missieur » quand elles achètent le calendrier des pompiers, des éboueurs, du cirque qui passait par là, des sans-papiers, et elles sont émouvantes quand elles disent merci au facteur qui vient de leur lâcher la porte dans la gueule. Mais dans le fond, on est écœuré de les voir si faibles, si pauvres en courage. Alors on travaille dur nous aussi, à notre échelle. On essaie de ramener des bonnes notes. On essaie de faire nos devoirs sur la nappe en fleurs cirée du salon sur des gouttes de sauce du repas du père. On pleure à l'école quand la maîtresse nous dit que notre cahier est un torchon. Que c'est du travail de cochon. On se dit que c'est déjà peut être mieux que du travail d'arabe. Tout est bon dans le cochon il parait. A la maison, on prend notre goûter sur nos cahiers de poésie et on crie à l'aîné de baisser le son de la télé. On crie tout le temps quand on est enfant. On crie parce que c'est sale, on crie parce que c'est fort, on crie parce que ça tâche, on crie parce qu'on manque de place. On crie parce qu'on voudrait avoir le même cahier et le même goûter que Marilou ou Nicolas. Un goûter emballé dans son papier d'origine. Individuel. Pas un Super Goûter fourré à presque rien emballé dans trois kilomètre de papier d'aluminium. Pas des fausses Vache qui rit dans du pain élastique de la veille. Mais nous le dévorons, nous nous empiffrons pour se sentir bien avec quelque chose au fond du ventre qui nous rassure. Parce que nous avons faim de tellement de choses. Nous ne mangeons pas par plaisir ou par faim mais par occupation. Le meilleur ennemi de l'ennui, la bouffe. Nos mères le savent bien puisqu'elles ferment à clé des portes de placards remplis de boîtes de gâteaux qu'elles cachent là « pour les invités ». Mais nous on surveille les moindres allers et venues comme des rapaces affamés de sucre. Et quand notre mère s'est absenté prendre une douche, on attaque. Et comme ces rapaces, on ne fait aucun prisonnier. Tout y passe. Nous voulons de tout. Des chips, des gâteaux, des noix de cajou, du chocolat. Nous remettons tant bien que mal en place les emballages de chocolats, et nous prenons bien soin de cacher l'emballage déchiré. Nous nous sentons mieux et nous ne regrettons jamais nos actes si réconfortants. Essentiellement des marques black listées par l'assistante sociale. Si elles nous voyaient les engloutir sans mâcher dans nos chambres, sur nos lits, derrière une porte, au dessus de l'évier ou dans les toilettes, tranquillement assis sur la cuvette. Parce que les produits Bonne Maman sont généralement réservés aux bonnes copines. Vu comment nous, nous nous goinfrons, nos mères considèrent que ce serait une hérésie de nous acheter des gâteaux Delacre. Elles se demanderaient, et avec raison, de quoi nous manquons.

Ce serait donner de la confiture à des cochons. « Jeter l'argent par la fenêtre ». « Un franc c'est un franc ». « Y a pas les petites économies ». Tous ces petits proverbes que l'on entend à l'école. Même nos parents connaissent vos proverbes français. Et les premiers qui nous sont soufflés sont de l'ordre de l'argent et des économies. Du gaspillage. Faire attention à ne pas faire couler l'eau trop fort. Mettre des bassines d'eau et de savon pour la vaisselle. Ne pas utiliser d'eau trop chaude. Nous prendre une douche deux par deux pour économiser l'eau, et toujours penser à couper l'eau pendant qu'on se savonne. On remplit une bouteille d'Oasis d'eau que l'on pose sur le radiateur pour la chauffer. Entre les méthodes d'économies à l'eau froide et un retour au pays chaque été, nos parents nous ont parés pour participer à Koh-Lanta. Et si Nicolas Hulot était passé par leur campagne du bled, il aurait vite compris que les immigrés en France pourraient sauver l'économie de la surconsommation et du gaspillage. Chaque goutte d'eau tombée du robinet qui fuit est réceptionnée à l'arrivée par une bassine ou un seau qui permettra de tirer la chasse d'eau astucieusement. Chaque tour de machine à laver est comptabilisée dans la facture d'eau à la fin du mois. Car nos parents refusent que nous nous changions tous les jours. Un ensemble pour deux jours est selon eux le bon compromis. Mais le tri sélectif, nos parents ne connaissent pas. Ils trient vaguement pour au final mettre la pagaille dans les trois bacs. Le vert pour le verre, le jaune pour le jaune, et la troisième pour le reste. Ils utilisent les aérosols les moins chers, les moins parfumés (souvent au lilas ou à la vanille) et les plus polluants. Ils secouent leur tapis de salon sur leur balcon en les frappant d'un bâton. Mais de manière générale, ils ont très peu d'emballage. Les pois chiches, les haricots et les lentilles, nos mères les achètent en petits filets. Les fruits et légumes toujours sur le marché. Au stand des arabes qui insistent toujours pour goûter avant d'acheter. Le gel douche est inexistant dans nos salles de bain. La savonnette Bébé Cadum a pris le monopole. Mais dans leur cuisine trône l'incontournable de l'emballage. Et Dieu créa le papier d'aluminium…

Nos mères sont des expertes. Des spécialistes de l'emballage. Si elles se regroupaient, elles seraient les reines de l'aluminium. C'est ainsi que nous en faisons profiter tous nos camarades de récré. La cour de récré se divise en deux catégories : ceux qui ont un goûter Kinder emballé dans son petit sachet individuel, et ceux dont le sac à dalle est rempli d'un goûter emballé dans du papier d'aluminium. Le papier d'aluminium avec le sac plastique constituent pour les mères arabes deux inconditionnels de l'emballage. Pas de Tupperware, pas de cellophane. Le papier d'aluminium est le roi. Pour les gâteaux dans le cartable, la gamelle du père, sur les assiettes dans le frigo, sur la gazinière pour ne pas qu'elle s'abîme, sur la petite étagère au dessus de la gazinière pour ne pas qu'elle colle, autour des couverts en voyage, des poulets dans le coffre, de la bouteille d'eau dans le sac pour ne pas qu'elle fuit. Pour protéger, pour faire briller, pour faire neuf. Parce que nos mères vénèrent ce qui brille, ce qui n'a pas servi. Elles portent un engouement plus qu'aliénant au neuf en général. Elles rangent leur vaisselle pièce par pièce dans leur emballage d'origine. Chaque tasse dans son compartiment, dans son carton d'un service seize ou vingt-quatre pièces. Service qu'elles sortent très rarement et dont la mode se fait un plaisir de se moquer rapidement. La sensation du neuf, du propre, du riche est un vrai culte chez nos mères. Même les robes de soirée qu'elles se font coudre sur mesure au pays sont scrupuleusement préservées des mites et acariens dans leur sac, au fond d'une dans une valise. Ces robes constituent leur péché mignon. Le détail dans la garde-robe qui rendrait jalouse Madame de Pompadour. Chaque été qu'elles se rendent au bled, elles se retrouvent chez le couturier d'en bas de la rue pour savoir ce qu'elles vont se faire coudre cette année. Elles arrivent avec des mètres de tissus achetées au marché sur des hindous, colorés, brodés, dorés. Du satin et de la mousseline. Des perles dorées et brodées. Elles adorent ce moment à passer leur doigt sur leur langue à feuilleter le catalogue A-LA-MODE. Elles repartent en France chaque année avec quatre ou cinq robes qu'elles gardent au chaud en attendant l'occasion qui les fera se mettre sur leur trente-et-un lors d'une cérémonie. Comme à un concours de beauté où toutes les mères se reluquent mutuellement, pour savoir qui a la plus belle. Elles n'hésitent pas à débourser des centaines d'euros pour la confection de ces robes qui leur assurera une glorieuse soirée, et les médisances des voisines jalouses. Mais qu'importe. Nous les trouvons belles pendant ces soirées. Nous les trouvons femmes et non plus mère à tout faire.

Nos mères sont belles. Nous trouvons des photos d'elles en noir et blanc avec en arrière plan une ville, ou une fontaine de fleur. Elles ont des beaux visages. Ce sont leurs cinq enfants et le travail de mère au foyer, femme de ménage à domicile qui leur fait croire qu'elles sont justes des bonnes femmes à mari et des concierges d'intérieur. C'est leur cuisine délicieusement grasse qui les a empâtées avec les années. Qui pose les yeux sur une femme ronde, qui a un look de concierge et des cheveux crépus dans un fichu en train d'astiquer le sol ? Et qui plus est parle français avec un accent à couper au couteau. Personne. Elles sont un outil indispensable au bon roulement de la famille et invisible aux yeux des passants. Elles appartiennent à leur mari, à leurs enfants. Mais sur leurs photos, elles sont belles. Et douces. Elles ne le savent plus. Elles ont oublié qu'elles ont été jeunes. Elles ont oublié avoir eu des rêves. Aujourd'hui ce sont leurs rêves qui se sont adaptés à leur vie, à leurs espoirs de mères. De ne nous faire manquer de rien. D'éviter les problèmes. Dans la tête de nos mères, les problèmes se résument à tout ce qui est lié à la police. Elles ont une réelle angoisse avec ça. Elles regardent trop les films policiers où les flics interviennent toujours avec des chiens policiers chez des arabes pour trouver la planque du fils qui dealait de la drogue. Alors tant qu'on n'est pas expulsé de l'école ou qu'on ne se retrouve pas convoqué chez les flics, elles sont fières de nous. Elles relativisent beaucoup. Elles sont bien conscientes qu'avant elles n'avaient que des tabliers et des bassines en plastique pour compagnie. Alors le peu qu'elle donne la France, c'est bien, tu le prends et tu te tais.

Du coup, elles ont peur des chiens nos mères. C'est physique. Vous aurez beau leur dire « il est gentil, il ne mord pas », elles s'en fichent et elles veulent juste que vous les reteniez. On ne veut pas de vos poils de chiens sur nous. Mais ça vous dépasse. Mais elles ne disent rien, elles sourient comme des enfants timides et rasent les murs discrètement pour préserver leurs ablutions qu'elles devront refaire de toute façon. Le chien n'est pas le meilleur ami de l'homme dans leur religion. Leur crainte des chiens nous est transmise. Le monstre sous le lit est un chien. Le fantôme du placard est un chien aussi. Si on va jouer trop loin, il y a le chien. Cette éducation de la peur, du « fais attention » systématique, nous laisse la plupart du temps sur nos gardes. A dix ans nous avons encore peur des chiens. On ne peut pas se rendre à la boum de Lucie parce qu'on a peur de son clébard et on va devoir se tenir droit comme un piquet derrière le canapé en fixant les moindres allées et venues de Pépète de nos yeux effrayés. Et comme l'éducation de la peur a bien fonctionné pour nous, nous la reproduisons sans effort avec nos enfants. Bien sûr cette éducation de « faire attention » qui nous est enseignée est universelle. Faire attention aux inconnus qui nous parlent, au monsieur qui nous tend un bonbon, au chauffeur qui connait soi-disant nos parents, aux ciseaux, aux couteaux, aux voitures. Faire attention à la mort qui ne prend pas rendez-vous quand elle vient nous chercher. Et pour ça, connaître un peu de religion qui puisse nous sauver et nous épargner l'Enfer.

La mort nous est inculquée très tôt. Contrairement aux inconnus et aux chiens du voisinage, nous n'avons aucune crainte de la mort, encore moins de tabous. Nous comprenons très tôt que l'important c'est « d'être prêt » le jour où elle viendra nous chercher. Alors on apprend à réciter une sourate, puis deux, puis à mettre le doigt devant la bouche en récitant quelques paroles sacrées louant Dieu et son prophète. On voit nos parents faire des gestes sur un tapis de prière. Entrer en méditation, faire des gestes avec les bras, courber le dos, s'agenouiller, se relever, s'agenouiller de nouveau, bouger l'index au rythme de leur voix qui soupire des « Allahou akbar » à chaque fois que leur front cogne le sol en silence. On les imite machinalement au début. On œuvre pour être prêt. Pour préparer la vie d'après. Puis un jour on comprend. Quelques temps. Et on s'égare. Beaucoup. On doute. On se sait plus pourquoi on prie. Si c'est pour la récompense promise ou si c'est la peur de l'Enfer qui nous rend si régulier dans nos rendez-vous avec Dieu. On sent que nos racines se perdent. On réalise un beau matin qu'on ne ressemble pas tellement à nos parents. On ne vous ressemble pas non plus. En grandissant on pense être des vôtres. On vous croit. A force d'être dans le même moule on se dit que peut-être il nous assimilera. On construit un espoir rempli de «t'es frisé et t'es marron» en espérant le jour où on achètera la maison promise à notre mère pour qu'elle est un jardin en guise de paix. La maison rêvée. La vie rêvée. Les détails essentiels à leurs rêves qui ont disparu comme s'ils n'avaient jamais existé. La seule chose à laquelle nous pouvons nous raccrocher c'est Dieu. Grâce à Dieu nos parents nous apprennent à se contenter de ce que l'on a, de ce que l'on est. Dieu est un refuge d'espoir immatériel. On ne sent pas plus beau, pas plus intelligent. Peut être plus léger. Rassuré d'avoir fait quelque chose de simple et de purement spirituel. C'est vers Lui que l'on se retranche naturellement. Nos parents nous l'ont expliqué très clairement. C'est ce qui nous fait. C'est indissociable de nous. Que l'on soit pratiquant ou pas. Nos parents ont naturellement la foi, la question ne se pose même pas. Les médias cherchent à matérialiser l'impalpable. En accusant. En interprétant. En critiquant. Comment ne pas être subjectif ? Notre religion est une sorte de hasard rationnel parsemé de choix que l'on fait de notre propre arbitre. Elle s'est installé dans notre for intérieur et discute constamment avec notre conscience et notre raison. Jamais elle ne nous fiche la paix. Elle ne prend pas de vacances. C'est aussi elle qui force le respect quand nous rentrons au pays. Nos parents ont bien conscience de ça. Ils redoutent trop les médisances de la famille qui nous considéreraient comme des « trop francisés », « trop européanisés ». « L'occident vous a bouffé le cerveau ». Ils auraient honte. Alors ils nous forcent à aller à l'école coranique pour être au top de la connaissance. Pendant que nos petits camarades de classe font des excursions avec le centre aéré le mercredi après midi ou que les enfants à la croix de bois sont au catéchisme, nous, nous apprenons une autre langue à l'école arabe. Un professeur réputé vient d'une grande ville et nous apprend l'alphabet en arabe et nous tape sur les doigts de sa règle en plastique au moindre manque de sérieux. Nous y allons régulièrement en espérant toujours que le pire arrive à notre professeur. Mais nos cahiers se remplissent de calligraphies géométriques et insensées et le professeur lui ne manque jamais à l'appel. Et finalement nous non plus.

Les coups de bâtons ne démotivent pas toutes les âmes. Certains d'entre nous, un tiers, choisiront de suivre cette voie coranique avec beaucoup plus d'intérêt et de démonstration. Des barbes poussent et des vocations d'imams voient le jour. Les jeunes étudiants qui passent leur temps libre la mosquée entre les disputes et les prières se développent comme un phénomène de mode. Ou de foire. Le regroupement familial, plus précisément conjugal revient à la mode. Leurs femmes voilées presque intégralement ne ressemblent pas à nos mères. De leur look elles balayent tous les efforts de d'intégration dans le moule que nos mères ont fait depuis des décennies. A contrario elles ne rêvent plus de modernité mais de retour aux traditions de notre Prophète. Elles ne rêvent plus d'indépendance encore moins ni d'émancipation. Elles veulent rester discrètes mais leur voile ample et flottant fait trop de vent. Qui fait du bruit. Et qui fait la une.

Les autres, quelques petits voyous de quartiers. Des taggueurs, des voleurs d'autoradios, des fumeurs de chichas dans les halls d'immeuble. De la petite délinquance non violente. Des jeunes qui chercheront leur vocation les fesses posées sur les murs des bâtiments. Aucun diplôme en poche, le Pôle emploi leur propose de travailler chez PSA à Aulnay-sous-Bois. Avec leur père. Eux rêvent de rap ou de football. Le moyen le plus familier d'esquiver la culture pour gagner de l'argent facilement. Avec tous les arabes acteurs ou comédiens, certains se projettent et rêvent de cirer les planches grâce à des blagues visant les différentes communautés qui constituent toutes les fameuses minorités issue de la diversité. Les racines aussi rêvent de prospérité.

En vieillissant, on s'assimile à nos parents pour se trouver un refuge généalogique. Une appartenance à quelque chose d'authentique, d'enraciné. On a tellement détesté les vacances annuelles au pays qu'aujourd'hui on a soif d'y retourner. Quelque chose nous manque. Après avoir souffert de nos cheveux crépus à la piscine, des « sales arabes » de la bouche d'un môme de huit ans, on finit par assumer le rejeton rejeté que l'on est pour finalement en être fier . On se plaît à être différent que lorsque l'on sait pourquoi on l'est. Et là on creuse. On cherche le sens dans les mains de nos mères qui nous ont tapés, dans les plis du front de nos pères qui se sont figés sur leur visage. Et quand on finit par trouver, on se couche, le front plissé.

Du même auteur

Un Hérisson dans la baignoire, BOD, 2012